COMITÉ DE PROTECTION ET DE DÉFENSE

DES

INDIGÈNES

R F

ABUS FINANCIERS

DANS LES COLONIES

Prix : 0 fr. 50 centimes.

PARIS (Ve)

V. GIARD & E. BRIÈRE, LIBRAIRES-ÉDITEURS

16, RUE SOUFFLOT ET 12, RUE TOULLIER

1907

ABUS FINANCIERS

DANS LES COLONIES

COMITÉ DE PROTECTION ET DE DÉFENSE

DES

INDIGÈNES

ABUS FINANCIERS

DANS LES COLONIES

PARIS (Vᵉ)

V. GIARD & E. BRIÈRE, LIBRAIRES-ÉDITEURS

16, RUE SOUFFLOT ET 12, RUE TOULLIER

1907

COMITÉ

DE PROTECTION & DE DÉFENSE DES INDIGÈNES

STATUTS

ARTICLE PREMIER. — Tout membre du Comité admet ce principe : les lois de la justice et les règles fondamentales du droit des gens sont communes à tous les peuples ; la faiblesse et l'état de barbarie d'un peuple ne le mettent pas en dehors du droit des gens.

ART. 2. — Le Comité se propose de porter sa sollicitude sur la situation des peuples ou peuplades, indépendantes ou non, qui ne sont pas encore entrées dans le concert de la civilisation européenne et de veiller à ce que les lois de l'humanité et de la justice soient observées à leur égard.

ART. 3. — Le Comité réunit les documents de toute nature servant à établir les procédés abusifs des peuples civilisés à l'égard de ces populations.

Art. 4. — Pour combattre ces injustices, il met en œuvre les moyens divers que lui suggèrent les circonstances : pétitions, démarches auprès des pouvoirs publics, publicité, etc.

Art. 5. — Le nombre maximum des membres du Comité est fixé à quarante. L'admission est prononcée à l'unanimité des membres présents, à la suite d'une demande du candidat, appuyée par deux membres.

Art. 6. — Le Comité peut accueillir des correspondants en nombre illimité.

Art. 7. — Le Comité peut faire passer dans la classe des correspondants ceux de ses membres qui ne résideraient pas à Paris ou que leurs occupations éloigneraient habituellement des séances. Cette mesure ne pourra être prise que par le vote unanime des membres présents, émis dans deux réunions successives.

Art. 8. — La cotisation des membres est fixée à 10 francs par an, et celle des correspondants à 5 francs par an. Ces cotisations peuvent être rédimées par un versement unique de 200 francs pour les membres et de 100 francs pour les correspondants.

Art 9. — Les membres qui n'auraient pas payé leur cotisation pendant deux ans peuvent, après mise en demeure par lettre recommandée du trésorier, être déclarés démissionnaires d'office par décision du Comité.

Art. 10. — Tout membre du Comité qui prendrait publiquement une attitude incompatible avec les principes formulés dans l'art. 1er du présent règlement, ou dont la conduite paraîtrait contraire aux règles de l'honneur, serait appelé à s'expliquer devant le Comité, et, à défaut de justifications suffisantes, pourrait être déclaré démissionnaire par le vote unanime des membres présents, émis dans deux réunions successives. Les lettres de convocation à la réunion devront en indiquer l'objet et être envoyées sous pli cacheté.

Art. 11. — Le Comité est administré par un Bureau composé de :

> un président,
> un ou plusieurs vice-présidents,
> un trésorier,
> un secrétaire.

Le Bureau est élu pour un an. Tous ses membres sont rééligibles.

Art. 12. — Le Comité se réunit une fois par mois. Il peut être convoqué extraordinairement toutes les fois que des circonstances exceptionnelles l'exigent.

Art. 13. — Le Comité examine et autorise, s'il y a lieu, les actes, démarches ou publications qu'un ou plusieurs de ses membres se proposeraient de faire, en prenant la qualité de *Membre du Comité*.

Bureau du Comité pour l'année 1907.

Président : Paul Viollet, membre de l'Institut.

Vice-présidents : L. Nouël, gouverneur honoraire des colonies.

— Charles Gide, professeur à la Faculté de droit de Paris.

— Le Roy-Dupré.

Trésorier : Charles Kohler, administrateur de la Bibliothèque Sainte-Geneviève.

Secrétaire : Gaston Auvard, ancien officier.

ABUS FINANCIERS DANS LES COLONIES

AVERTISSEMENT

Le Comité de protection et de défense des Indigènes n'a pas songé un moment à établir, dans le document qu'on va lire, le relevé général des abus financiers de toutes sortes dont souffrent nos colonies. Ce serait une œuvre de longue haleine, et malheureusement très considérable. Il a eu tout simplement la curiosité d'ouvrir un recueil officiel trop peu connu, les *Notes* de la Cour des comptes, et de feuilleter quelques-unes de ces Notes, celles des années 1898 à 1903. Il a dressé la liste, non pas (tant s'en faut !) de tous les abus qui, par leur nature très caractérisée, sont du petit nombre de ceux qui relèvent de cette juridiction, mais bien la liste de ces abus grossiers qui, ayant donné lieu de la part de la Cour à des observations (en style technique *référés*), ont paru au ministre compétent tellement indéfendables qu'il a gardé le parfait silence. Nous avons laissé de côté les référés honorés d'une réponse, quelle que soit, d'ailleurs, la valeur de cette réponse :

toutefois, nous avons cru devoir faire sentir par un exemple, un seul, ce que valent certaines de ces réponses, négligées par nous.

On le voit, c'est, dans l'ordre des temps et dans l'ordre des matières, un choix très restreint que nous offrons aujourd'hui au public.

Tous les abus financiers qui sévissent aux colonies et qui se résument en un mot, *gaspillage*, ont leur répercussion sur les malheureux indigènes. Gaspillage, c'est pour eux exaction et souffrance.

Il était donc de notre devoir d'aborder ce côté de la question coloniale. Nous le fîmes en cette circonstance avec une réserve et une prudence singulières, nous contentant de joindre notre faible voix à la voix trop peu écoutée de la Cour des comptes, et n'espérant guère obtenir, plus que la Cour elle-même, une réponse à nos respectueuses observations.

En effet, le ministère des colonies n'a point manqué, au reçu de notre lettre, de garder le silence. Et même nous avons tout lieu de penser que la plupart des référés que nous reproduisons comme restés sans réponse en 1905 demeurent en 1907 non répondus.

Il ne nous reste qu'à saisir l'opinion publique, si tant est qu'il y ait en matière d'abus financiers une opinion publique.

Nous publions donc ci-après la lettre qui fut adressée par nous, le 11 décembre 1905, au ministre des colonies.

ABUS FINANCIERS

DANS LES COLONIES

LETTRE AU MINISTRE DES COLONIES

Paris, le 11 décembre 1903

Monsieur le Ministre,

Les abus sans nombre dont souffrent les natifs dans la plupart de nos colonies ne sont pas sans corrélation avec le désordre financier qui se révèle dans une foule d'affaires coloniales. De ce désordre financier, qui est tout à la fois un des effets et une des causes du mal colonial, nous voudrions vous donner une idée, en mettant aujourd'hui sous vos yeux un relevé, très incomplet, de référés adressés aux ministres par le premier président de la Cour des comptes pour leur signaler les abus financiers relevés dans les colonies et dans les affaires coloniales, référés demeurés sans réponse.

Toutefois, avant de transcrire le bref sommaire de ces inutiles critiques émanées du grand corps qui préside à nos finances et constate, impuissant, tous les abus, nous voudrions vous dire combien nous surprend l'étrangeté de certaines réponses que l'administration supérieure a daigné adresser à la Cour. On se demande si semblables réponses sont autre chose que l'aveu même du désordre, aveu plus complet peut-être et plus franc que le silence.

Voici, par exemple, un référé du 19 mai 1903, relatif à une somme de 19,000 francs, payée à titre de fonds secrets au gouverneur général de l'Indo-Chine.

Ce référé est ainsi résumé par la Cour des comptes.

« 19 mai 1903. — Défaut d'approbation d'emploi d'une « somme de 19,000 francs payée à titre de fonds secrets au « gouverneur général (colonie de l'Indo-Chine) ».

La réponse du 8 juillet 1904 est tout simplement l'aveu que le ministre n'a pas accordé et n'accorde pas l'approbation. En voici le résumé :

« Le département des colonies n'ayant en sa possession « que des états sommaires indiquant simplement la date, « le numéro et le montant des mandats émis à titre de « fonds secrets, le ministre n'a pu donner son approbation « aux opérations dont il s'agit.

Pour l'avenir, le ministre donne des espérances :

« Par dépêche du 21 février 1903, les instructions néces- « saires ont été adressées au gouverneur général de l'Indo- « Chine, en vue de permettre le contrôle de l'emploi et « l'approbation des fonds secrets (1) ».

Dieu veuille que ces instructions soient sérieusement observées !

---

(1) Cette citation et toutes celles qui suivent sont empruntées à la publication intitulée : *Cour des Comptes*, Paris, Imprimerie nationale, 1899-1901 (*Note 73 à Note 78*).

Nous nous demandons, en effet, Monsieur le Ministre, en quoi ces dépenses secrètes non approuvées, dépenses dont vous trouverez plus loin un bon nombre d'autres exemples, diffèrent des acquits de comptant, cette plaie de l'ancien régime. Nous n'apercevons d'autre différence que celle-ci : le chef de la nation, le roi, prenait autrefois la responsabilité de ces dépenses secrètes ; la responsabilité exclusive est prise aujourd'hui par des gouverneurs de colonies, qui se placent au-dessus de tout contrôle.

Sans insister davantage sur la valeur de certaines réponses, nous prenons la liberté de mettre ci-après sous vos yeux un choix de référés restés sans réponse. Vous remarquerez que les doubles, triples et quadruples rappels de la Cour des comptes ne parviennent pas à rompre le silence de l'administration supérieure.

C'est à la Cour des comptes elle-même que nous empruntons le sommaire des référés ci-après transcrits ; nous ne relevons aucun référé antérieur à l'année 1898 et nous n'abordons pas les référés de l'année 1901.

Ce relevé nous ramène, pour commencer, sur le sol même de la France, car les affaires coloniales et les abus coloniaux ont plus d'un siège dans la mère-patrie.

Depuis 1902, la Cour des comptes réclame en vain quelque moyen de contrôle sur l'Office colonial, créé, il y aura bientôt sept ans, le 14 mars 1899. Voici le texte des référés relatifs à cet objet :

« 9 juillet 1902. — Le décret du 14 mars 1899 qui a créé « l'office colonial n'a pas fait connaître à quel mode de « contrôle la comptabilité de cet établissement serait « soumise. »

« La Cour prie le Ministre de faire étudier les mesures

« propres à combler celte lacune et à assurer l'apurement
« régulier des comptes de ce service. »

Pas de réponse.

« 28 mars 1903. — Défaut de contrôle de la comptabilité
« de l'Office colonial et attribution irrégulière de fonds pro-
« venant de l'ancienne Exposition coloniale. »

Pas de réponse.

Parallèlement à l'Office colonial existe à la porte de Paris
un Jardin d'essais colonial, créé par décret du 28 janvier
1899. La Cour demande vainement depuis 1902 que les
opérations de recette et de dépense de ce Jardin d'essais
colonial, service public, soient soumises aux règles ordinaires de la comptabilité publique :

« 8 août 1903. — La Cour demande que les opérations de
« recette et de dépense du Jardin d'essais colonial, établis-
« sement créé par décret du 28 janvier 1899 et qui a le
« caractère de service public, soient soumises aux règles
« ordinaires de la comptabilité publique. »
« (Rappel du référé du 9 juillet 1902). »

Pas de réponse.

———————

Sans plus de commentaire, nous groupons, dans la liste
qui suit, les référés par colonie.

NOUVELLE-CALÉDONIE

« 11 février 1898. — Incorporation irrégulière dans le
« budget local de la Nouvelle-Calédonie des opérations
« relatives aux versements effectués soit par les indigènes,
« soit en leur nom, à titre de dépôt obligatoire ou facultatif. »

Pas de réponse.

« 22 mars 1901. — Attribution irrégulière au budget
« local à titre d'allocations à un conseiller général :
« 1° d'une somme de 200 francs représentant le montant
« de l'amende et les frais mis à la charge de celui-ci par la
« Cour de cassation, à la suite du rejet d'un pourvoi contre
« un arrêt de condamnation correctionnelle ; 2° d'une
« somme de 1,500 francs restée sans justification d'emploi
« et destinée à soutenir devant le Conseil d'État des procès
« intentés par la colonie. »
« (Rappel du référé du 31 janvier 1899). »

« 5 mai 1903. — Rappel des référés du 31 janvier 1899,
« et 22 mars 1901. »

Pas de réponse.

CONGO

« 5 janvier 1899. — Un certain nombre de payements
« concernant des achats de guinées, de thalers et de livres
« sterling ont été définitivement portés en dépense publique
« sans justification d'emploi. »

« La Cour réclame le compte d'emploi de ces achats.

« (Rappel du référé du 27 février 1897). »

Pas de réponse.

« 14 février 1899. — La Cour réclame la justification du
« remboursement au service colonial, par le service local
« du Congo, d'une somme de 1,200 francs avancée, à Dakar,
« à M. G..., administrateur colonial, et imputée au cha-
« pitre 16 (Missions et études coloniales). »

Pas de réponse.

COCHINCHINE

« 14 février 1899. — 1. La Cour réclame les justifica-
« tions d'emploi des dépenses de fonds secrets relevées
« dans les comptes rendus par le trésorier-payeur de la
« Cochinchine pour les gestions 1894-1895, 1895-1896 et
« 1896-1897. »

« (Rappel des référés des 5 mai 1897 et 1er avril 1898). »

Pas de réponse.

« 9 février 1900. — La Cour demande à connaître la
« nature des mesures prises pour la rectification des irré-
« gularités dont seraient entachées des dépenses acquit-
« tées sur réquisition du lieutenant-gouverneur de la Co-
« chinchine. »

« (Rappel des référés du 1er avril 1898 et du 14 fé-
« vrier 1899). »

« Elle signale plusieurs dépenses de même nature dont le

« trésorier-payeur de la colonie a refusé le payement en ce
« qui concerne la gestion 1897-1898. »

« 6 février 1902. — (Rappel des référés n° 150 du 14 février
« 1899, et n° 156 du 9 février 1900). »

Pas de réponse.

« 6 février 1902. — Défaut d'approbation de l'emploi
« des dépenses secrètes. »

Pas de réponse.

OCÉANIE FRANÇAISE

« 12 avril 1899. — Demande de justifications d'emploi
« des avances faites aux gouverneurs et administrateurs de
« l'Océanie française pour les dépenses d'annexion de l'Ar-
« chipel des Îles Sous-le-Vent. »
« (Rappel des référés des 24 mars 1896, 18 février 1897,
« et 27 janvier 1898). »

Pas de réponse.

Nous nous arrêtons ici, Monsieur le Ministre. Toutefois
nous prenons la liberté de joindre à notre lettre le texte de
quelques référés intéressant, non pas telle ou telle colonie
en particulier, mais certaines affaires générales, référés
qui sont également demeurés sans réponse.

Ces divers relevés parlent assez haut par eux-mêmes :
nous nous abstiendrons de les commenter. Nous nous per-
mettons seulement d'ajouter qu'il vous appartiendrait,
Monsieur le Ministre, si vous ne pouvez obtenir de vos

subordonnés aucune réponse satisfaisante, d'exiger du moins les satisfactions et sanctions nécessaires.

Veuillez agréer, Monsieur le Ministre, nos hommages respectueux.

Pour le Comité :

Paul VIOLLET, de l'Institut; NOUËT, gouverneur honoraire des colonies; E. LELONG, avocat de la Cour d'appel d'Angers; Abel LEFRANC, professeur au Collège de France; G. MOCH, ancien capitaine d'artillerie; Maurice WATEL, ingénieur agronome; E. TARBOURIECH, professeur au Collège libre des sciences sociales; Marcel MAUSS, maître de conférences à l'École des Hautes-Études; Ch. GIDE, professeur à la Faculté de Droit; Ch. KOULER, conservateur-adjoint de la Bibliothèque Sainte-Geneviève.

COLONIES

AFFAIRES GÉNÉRALES

RÉFÉRÉS

« 10 mars 1898. — 1° Nécessité de réglementer le con-
« trôle de la prise en charge des retenues pour pensions
« civiles;

« 2° Défaut de production d'ordres de recettes comme
« justifications des encaissements effectués à différents
« comptes des correspondants administratifs, notamment
« au titre du produit de l'octroi de mer;

« 3° Inobservation de cette règle que les dépenses faites

« sur provisions ne doivent jamais être imputées sur un cha-
« pitre que dans la mesure des crédits disponibles de ce
« chapitre. »

Pas de réponse.

« 22 août 1898. — La Cour réclame la justification du
« remboursement d'avances faites par le Trésor pour le
« compte de diverses personnes, à titre de frais de trans-
« port ou de passage. »

Pas de réponse.

« 3 février 1899. — La cour demande des renseignements
« au sujet de la concession à des fonctionnaires des colo-
« nies d'un certain nombre de congés qui lui ont paru
« avoir été accordés dans des conditions anormales. »

Pas de réponse.

« 8 mai 1899. — Payements de 3,948 fr. 80 faits à
« MM. H....., commissaire spécial de police, et B...., ins-
« pecteur spécial de police, pour remboursement de frais
« de surveillance et de sûreté générale, suivant décision
« confidentielle du 26 janvier 1897. »
« Aucune indication n'est fournie sur l'objet et la nature
« de ces payements qui ont le caractère de dépenses
« secrètes, quoique n'ayant pas été autorisées sous cette
« forme par le Parlement. Ils échappent au contrôle judi-
« ciaire, sans avoir été soumis à la garantie d'un décret
« approbatif du Chef de l'État. »
« La Cour désire savoir dans quelles conditions ces
« dépenses ont été autorisées. »

Pas de réponse.

« 20 mai 1901. — L'arrêté ministériel du 20 novem-

« bre 1894, qui a organisé le service, n'a pas indiqué les
« pièces qui seraient de nature à justifier les opérations
« d'entrée et de sortie, pièces dont la production est prévue
« à l'article 21 dudit arrêté. Importance de cette omission
« spécialement en ce qui concerne les cessions à titre gra-
« tuit (Garde-magasin des timbres coloniaux). »

Pas de réponse.

« 24 décembre 1901. — Défaut de production, à l'appui
« de divers comptes de trésorerie, des ordres de recettes
« prescrits par la circulaire de la comptabilité publique du
« 28 avril 1893. »
« (Rappel des référés des 10 mars 1898 et 23 février 1900). »

Pas de réponse.

« 27 novembre 1902. — Insuffisance de justification en
« ce qui concerne les envois faits par l'agent comptable des
« timbres-poste coloniaux aux trésoriers-payeurs des colo-
« nies. — La Cour demande que, lors de l'élaboration du
« règlement d'administration publique déterminant les
« justifications à produire au soutien des opérations de
« recettes et de dépenses de cet agent comptable, il soit
« tenu compte de ses observations. »
« (Rappel du référé du 20 mai 1901). »

Pas de réponse.

LE PUY-EN-VELAY. — IMP. PEYRILLER, ROUCHON ET GAMON.

PUBLICATIONS DU COMITÉ

SPOLIATION DES INDIGÈNES DE LA NOUVELLE-CALÉDONIE, Paris, 1901. Prix. . . . . 0 fr. 25

LA SITUATION DES INDIGÈNES AUX COMORES, Paris, 1901. Prix. . . . . 0 fr. 50

LES ILLÉGALITÉS ET LES CRIMES DU CONGO. Meeting de protestation (31 octobre 1905) Paris, 1905. Prix. . . . . 0 fr. 50

LE PUY. — IMPRIMERIE PEYRILLER, ROUCHON ET GAMON.